오늘은
또
내일로

이중환

초판 발행 2025년 8월 21일
지은이 이중환
펴낸이 안창현 **펴낸곳** 코드미디어
북 디자인 Micky Ahn
등록 2001년 3월 7일
등록번호 제 25100-2001-5호
주소 서울시 은평구 갈현로 318-1 1층
전화 02-6326-1402 **팩스** 02-388-1302
전자우편 codmedia@codmedia.com

ISBN 979-11-93355-39-8 03810

정가 12,000원

이 책의 판권은 지은이와 코드미디어에 있습니다.
잘못 만들어진 책은 교환해드립니다.

RAINBOW | 123

오늘은
또 내일로

이중환 시집

詩人의 말

좋은 시로 나서고 싶은 욕심은 있었으나

마음뿐 많이 부족하다.

마음대로 안 되는 게 시 창작이란걸 가슴 깊이 새기며

무거운 부담을 안고 또 한 걸음 나아간다.

많이 배우고 있지만 적용을 잘 못하는 것은 아둔한 탓이리라.

부족하지만 고리에 걸쇠 하나를 더 건다는 심정으로

세 번째 시집을 내놓는다

훌륭하다는 시집은 언제 나올는지 모르겠으나 오늘도 쓴다.

왜냐하면 시는 선함을 추구하는 글이라 여겨져

놓고 싶지 않다.

허접하더라도 저의 수고를 격려해 주시면

감사하고 용기가 되겠다.

보석을 캐려는 심정으로 계속 노력하며 나아가겠다.

2025년 여름
이중환

차례　　　　　　　　　시인의 말 · 4

1부　오늘은 또 내일로

소나기 _14

꽃 같은 사람 _15

가을 인상 _16

모서리가 닳아서 _17

새싹 찬미 _18

향기 _19

오늘은 또 내일로 _20

그늘진 초상 _21

장미의 계절 유월 _22

어린 것은 무엇이건 예쁘다 _23

설레임 _24

봄꽃 _25

여름 만감 _26

2부   내일을 잇다

뒷뜰 _30

내일을 잇다 _31

놀라게 하는 _32

밝은 세상 _33

떠 있는 날 _34

신기한 설경 _35

가을 낙엽 _36

가을 앓이 _37

그리움의 거리 _38

섬돌 _39

조약돌이 예쁜 것은 _40

봄의 길목 _41

사랑 앞에서 _42

마디 _43

차례

3부 　 오고 가는

거품 _46

샤인머스캣 _48

찬란한 별이 되어 _50

쓴 것이 명약 _52

무너지는 것과 안 무너지는 것 _53

오고 가는 _54

노란 봄맞이 _56

겨울 가운데 _58

마지막 _60

꿈속이 아니다 _62

베란다의 화단 _63

석양 아래서 _64

들풀 _66

난독증 _67

4부　　언제일까

언제일까 _70

녹음으로의 초대 _72

내가 먹는 물고기 _74

지키고 싶은 5월 _76

민들레 홀씨 _77

몸을 닦는다 _78

흰구름 친구 _79

겨울 가운데서 _80

떠나가는 가을 _82

구절초 _84

아직은 가을 _86

고행 _87

고운때는 잠깐이지만 _88

차례

5부   망각

발자국 _92

작별 _94

망각 _96

별빛 _97

깨지지 않는 약속 _98

노을이 언제나 곱듯이 _100

말의 공해 _102

배달 오토바이 _104

사랑이란 _105

비탈길에서 _106

세월을 낚시질한다 _107

잡초 _108

마주하는 봄 _110

화신 _111

내일 또 다른 태양이 떠오를 것이건만

아직도 아직은

그늘진 초상이다

-「그늘진 초상」중에서

1부

오늘은
또
내일로

소나기

뚝 뚝 한 방울씩 내리는 비도 아니고
꽃잎 간질이듯 보드랍게 내리는
보슬비는 더욱 아니다
숨어 있다가 불쑥 나타나는 들짐승

하루에 할 일을 잠시 동안에 해치우는
한창때의 젊은이같이
미친 듯 쏟아붓다가
할 바 다했다며 일도양단 뚝 그친다

보슬보슬 내리는 비는 할머니의 약손
갑작스럽게 퍼부으니 속수무책
흠뻑 속옷까지 다 젖게 되지만

이글거리는 8월의 태양에
지친 풀잎이 금방 생기가 도는
하늘의 깜짝 선물이다

꽃 같은 사람

줄 때는 앞에 서고
받을 때는 뒤에 서는
마음이 아름다워 꽃 같은 사람
드러내려 하지 않아도
향기가 난다

가식 없이
늘 따뜻하고
늘 겸손하고
인품의 향기가 주위의 기분을 돋운다

겉으로만 그러는 것이 아니라서
더 아름다운 꽃이다

사람 꽃은 해를 넘겨도 시들지 않고
사람의 향기는 저절로 마을을 넘고 고을을 넘고
멀리멀리 퍼져 나가

바라만 봐도 흐뭇한
꽃 같은 사람이 된다

가을 인상印象

싸늘한 바람이 싫지 않은 가을
황금 들판과 과실들, 손끝에 닿는 풍요
바라만 봐도 뱃구레가 꽉 차올라
마음 깊이까지 배부른 나날

그러나, 조락의 계절
낙엽이 바람에 몸을 맡길 때
허공을 맴돌다 맥없이 떨어지는 쓸쓸함
빈자리 남겨두는 허허로움

만나고 떠나보내야 하는
계절 가운데서
수레바퀴 같은 운명이
함께 어우러지는 세상

풍요와 허무 사이
나는 그 두 얼굴을 마주한다

모서리가 닳아서

시간이 지나면서
날카로웠던 경계가 희미해진다

부딪히고 마모된 자리마다
부드러운 곡선이 그려지고
그 자리가 비로소 우리가 머물 곳이 된다

사랑은 처음부터 온전한 모습이 아니었다
모난 모습들이 서로를 깎으며
서툰 흔적 속에 익숙해진다

닳아 버린 끝자락에서
우리는 하나의 둥근 서로를 얻는다

모서리가 닳는 동안
기억 속의 상처는 빛나는 추억으로 물들고
가슴에 남아있는 따스함은
우리의 사랑을 말해준다

사랑은 결국 부드러움 속에서
가장 단단한 중심을 이루어 내고 만다

새싹 찬미

어린싹 돋아나는 것을 본다
한없이 사랑스럽다

사랑은 멀리 있는 것이 아니다
새싹 바라보니 열리는 희망
당겨지는 마음 갑절이 된다

불쑥 내게 다가온 것도 아니다
기다림 끝에 오니 더욱 반갑다

너를 바라본다는 것은 기쁨
행복을 가져다주는 바이러스다

싹 틔워 꽃이 되고 과실이 되고
거목이 되어 하나의 기둥이 되는 출발

봄바람처럼 주위를 맴돌아
내가 내 자신을 아끼듯

새싹은 신이 내린 고귀한 선물
바라볼수록 기분 좋음이 곁에 왔다

향기

진흙 속에 피어나는 연꽃처럼 귀하게
세상 풍파 다 겪으면서도 흐트러지지 않는
세월이 가도 기품은 예나 지금이나
다르지 않다

때로는 버드나무처럼 부드럽게
때로는 당당한 기품이 드러나는 금강송 같이
넘쳐나지도 모자라지도 않는 품격
늘 그렇게 유지하는 것은
천성인지 노력인지
나 그대를 알게 된 것은 행운 중의 행운이다

몸에 밴 예의가 언제 어디서나 빛을 잃지 않는
인품의 향기는 멀리까지 두루 퍼지고 있다
진주는 뻘 속에서도 진주이듯
언제나 변하지 않는 그 모습에
내 마음도 저절로 다가가고 싶다

오늘은 또 내일로

멀리서 바라보았다
신기루 같은 지난날을 뒤로하고
이제는 내 가까운
삶의 현장으로 나아간다

인고의 시간들을 넘어
하루도 공허하게 넘길 수 없이 연결된 힘줄
견디며 견디며 하루하루 한 발짝씩 다가가는
소중한 내 것

큰 것 보다 작은 것에 충실한
탄탄한 생동의 의지

타고 있는 열정의 불길
불씨 소중하게 지켜 내야지,
이 값진 영혼을 깨우며 쓰다듬으며
손잡고 나아가야지

그늘진 초상肖像

가뭇 사라져 버리려고
뒤도 돌아보지 않을 것처럼 선을 긋는다

안으로만 삭여가는
홀로 깊이 골짜기로만 파고든다

세상은 두루 넓고 좋은 사람도 많아
금방 봄눈 녹듯 한 날 올지도 모르는데

옹골찬 반항
음지를 향하려고만 하는 외고집

내일 또 다른 태양이 떠오를 것이건만
아직도 아직은
그늘진 초상이다

장미의 계절 유월

장미가 뽐내며 활짝 피어있다
6월은 장미가 절정을 이루는 계절
어우러진 푸르름과 함께 막바지 정열
이곳저곳 활짝 피어 곱기만 하여
밝은 그 모습은 오늘도 기쁨이다
산야는 푸르고 고운데 우린 아픈 과거가 있어
이때만이라도 되새겨야 할 도리를 안고 있다
현재는 과거로부터 이어진 것
이 땅을 딛고 사는 우리가
왜 이런 아픔의 질곡을 지나와야 했는지
과거에 대한 빚을 지고 있는 기분이다
쓰린 상처를 헤아려야 하니
슬픔과 기쁨이 혼재하는 유월
장미는 더욱 붉고 아름답게 진혼의 향기 되어
환하게 나를 위로해 주고 있다

어린 것은 무엇이건 예쁘다

아가가 그러하듯
어린 것은 무엇이건 예쁘다
사자 호랑이 같은 맹수 새끼도
송아지 망아지 병아리 다 쓰다듬어 주고 싶고
조물주는 여리고 어린 것들을
귀여워하고 사랑을 느끼게 만드셨나 보다
야들야들한 새싹도 마찬가지
보호본능으로 감싸게 하는 어린것들
귀엽고 예쁘기만 하다

설레임

멀리 있던 그대
가까이 다가오고 있다
가슴 가득한 기억들 앞세우고
나를 향해 사뿐사뿐 오고 있다
비바람 더위도 무릅쓰고
귀한 걸음으로 오고 있다
남들 모르게
기다리던 그대
발자국 소리 듣는다

봄꽃

숨 가쁘리만큼 피고 있는 봄꽃들
겨울 설한풍을 견디고 나서
꽃망울이 맺혀 드디어 피었다
겨울을 지나 피는 꽃들 더욱 예쁘지만
인고의 시간들이 있었다는 걸
생각하지 않을 수 없다
피어있는 꽃 볼수록 기분이 좋아도
고통의 한때를 지나왔다는 걸 내세우지 않는
받기를 원하지 않고 기쁨만 줄 뿐
놀란 병아리 때처럼 갑자기 다가왔다
사랑하지 않을 수 없는 그 봄꽃들
꽃이 미소 지니 세상은 더 아름답다

여름 만감萬感

빈 하늘 가운데 태양은
대지를 달군다

어머니의 땀에 젖었던 적삼
내 마음도 젖는다

여름밤 별이 유난히 총총한
모깃불 피운 마당 멍석
식구들이 나누는 정담은
밤이 깊어 가는 줄 몰랐는데

정다운 손으로 어루만져 주며
내가 즐겼던 콩가루 국수를
자주 해주던 어머니는 하늘에 계시고

대낮이면 동네 어르신들
자연 바람을 즐기는
동구 밖 정자나무 아래는
여름의 천국다웠다

나는 먼 타향살이 오래고
이때면 더욱 생각나는 고향 정경
타향 더위를 맞이하고 있는 지금
고향엔 요새 어떤 여름을 보낼까
그리움에 눈만 그쪽이다

음습한 곳으로만 고이는 늪처럼
곱씹을수록 깊어만 가는 쓴 자국
내일은 없고 오늘의 집착이 깊기만 하다

-「내일을 잇다」 중에서

2부

내일을
잊다

뒷뜰

어릴 적 우리 집에서 뒷뜰은
가장 가까이 있는 논배미라, 그곳은
애지중지해 주시던 할머니처럼 친근한 토지였다

쉽게 아버지의 새참을 날라다 드릴 수 있었고
금방 다가갈 수 있는 거리여서 더욱 좋았다

여름날 마당에 모깃불을 피워 놓고
가족이 멍석에 둘러앉아 저녁을 먹곤 했다
모두가 정답기만 한때 난 어머니의 다리를
베고 스르르 잠이 들었다

낮은 지붕 아래에서도 웃음을 꽃피울 수 있었던 건
대들보 같은 뒷뜰 토지 때문이 아니었던가

지금은 옛 고향 얘기가 되었고 먼 하늘 아래 살지만
그땐 아버지 어머니도 젊고 활기찬 시절로 의욕이 넘쳤을 때
두 분 다 저세상으로 가셨지만
세월 저쪽 뭉클 그리움으로 남는다

내일을 잊다

단단한 것 같던 장축에 균열이 간
지금은 우수雨水절기에 찬비 내리는 들녘
서로에 금이 가니 만감이 교차한다
어찌 거리감을 생기게 한 것인지
홀로 남은 것같이 너무 허탈해

절구통에 짓이겨진 약초처럼
생각할수록 쓴 서운함
맷돌에 갈아지는 불거진 백태같이
이어져 온 아낌의 형태가 뒤바뀐다

미움의 씨는 작은 하나일지 모르지만
심중은 점점 차가워져 가고
풍선처럼 확대된 그늘진 마음
줄 끊어진 연이 되어 지향이 없다

음습한 곳으로만 고이는 늪처럼
곱씹을수록 깊어만 가는 쓴 자국
내일은 없고 오늘의 집착이 깊기만 하다

놀라게 하는

꽃물 튀겨 꽃봉오리 맺혔나

아침 산책에 일제히 꽃등을 켰다

기별도 없이 어찌 그리 도전적인지

온통 봄꽃 천지다

꽃 이름을 외면 뭣하리

반갑기도 놀랍기도

어김없는 천지조화다

해마다 겪는 일이지만

새로이 와닿는 만남

바라보기만 해도 기분 좋은

나를 놀래키는 봄꽃

밝은 세상

MRI는
내가 처음 체험해 본 의술

척추를 상하 단면으로 쪼개서
그 내면의 영상을 의사는 설명한다
수십 년간 봉쇄됐던 내 것

의술은 이렇게 몸의 구석구석과
쪼개진 뼈 내부까지 샅샅이 들여다본다

이런 우수한 의술로 치료하니
오래 살겠구나

밝은 의술이 하늘처럼 높이 뾰족하여
모든 이들은
고마운 세상 감동이다

떠 있는 날

그냥 들뜨는 날
기분이 좋다
들뜬다
공중 부양이다

창가 쪽 자리가 내가 앉은 곳
연신 가림막을 올리고 내다본다

만경창파에 흰구름이
양털을 뿌려 놓거나 펼쳐놓은 듯
보기 드문 장관이 펼쳐지고 있다

흰구름 하나가 외로이 떠 있다
홀로 떠 있는 작은 것도 구름이다
그것도 하나의 존재

티끌 같은 몸을 공중에 의탁 한 체
나를 태운 비행기는 앞으로 나아간다

떠 있으니 좋은 날

신기한 설경雪景

밤사이 어머니가 이불을 씌워주듯
솜이불 같은 눈이 고요히 쌓였다

아침, 눈 그치고
햇빛 비추니

하얀 눈 위에 반짝이는 수많은 별들
보석 가루를 뿌려 놓은 듯 반짝인다

어제는 진흙탕 싸움을 보느라 찡그렸지만
말끔히 치유된 이 기분

나는 지금 어린아이같이
신기한 설경을 바라보고 있다

가을 낙엽

낙엽을 보고 있다

힘없이 떨어지는 시간
붙잡고 있는 세월이 낙하한다

떨어지는 낙엽은 끝난 인생 같아
쓸쓸하게 바라볼 수밖에 없으나

가을 냄새는 구수하다
오곡백과가 무르익어 든든한 보답으로
곳간이 꽉 차게 채워지는 감사의 계절

그러나 무상한 세월로 쓸쓸하기도
지는 낙엽을 보고 있자니 더해

단풍이 곱고 노을이 아름답기에 다행
당겨 드는 맺음의 시간
아쉬운 베풂으로 보답해야지

가을 앓이

잎이 무성한 시절을 지나
우수수 지는 낙엽 내 마음도 내려앉는다

그대는 먼 곳에 가고
저무는 가을을 마주하여
홀로 처량함을 삼키고 있다

쌀쌀한 바람에 날리는 마른 잎처럼
바닥이 붙들어 주지 못한다

같이 있어 줄 이 없이 홀로 남겨져
알량하게 처한 내 모습
옆구리가 시리다

그대, 곁에 다가와 온기를 품어주오
이 가을이 다 지나기 전에

그리움의 거리

오랫동안 마음을 함께한 서로, 이제
내게 다가올 그대의 발자국 소리가
멀리서 들려오려는 듯하지만
차마 다가가지 못한 채
그리움은 시간 속에 머물러 있다

마주한 순간들은 아직 따뜻하지만
손끝에 남은 온기는 희미해져
바람 속에서 우리 이야기는 흩어지고

언제부턴가, 길 위엔 그대 흔적만 남고
나는 여전히 그 자리에 서서
혼자 있는 모습 바라보고 있다

지금도 마음 한구석엔
우리가 나눈 작은 약속들이 남아
언젠가 다시 그 발자국을 따라
함께 할 그날을 꿈꾸고 있다

섬돌

우리들은 옛날 섬돌을 디디고
거처에 드나들었다
넓적한 돌 하나에 새겨진 삶의 흔적들,
낯익었던 것들은 세월 따라 흩어져
이젠 그리움이다

발끝에 남겨진 어린 날의 웃음소리,
저녁노을 속에 들려오던 어머니의 부름

낮은 섬돌 아래 피어난 들꽃

누구나 디디던 그 디딤돌 위에
묻어난 발자국들, 삶이 무겁게 눌러도
결단코 깨지지 않았던 단단한 시간

이젠 거의 사라졌지만
여전히 내 마음속에 남아
다시 한번 디디길 기다려 본다

조약돌이 예쁜 것은

조약돌이 예쁜 것은
태초부터 둥글어진 게 아니었다
날 선 모서리를 부드럽게 깎아낸
시간과 물결이 쓰다듬은 손길이 있다

알록달록한 무늬가 있어서만이 아니다
각기 다른 빛깔과 결들이 강바닥을 채우며
하나의 어울림을 만들어내고 있어서이다

조약돌이 예쁜 것은
그 작은 몸에 숨겨진 이야기가 있으므로
어디서 왔는지 모를 먼 길의 기억,
부서지는 파도와 떠도는 구름의
흔적이 담겨 있기 때문이다

완전하기 때문이 아니라
불완전한 채로도 빛나기에 더욱 그렇다
우리의 삶도 또한 그렇다

봄의 길목

인간이 만든 달력 속 2월은
겨울과 봄의 경계,
한겨울을 지나왔다는 안도의 숨결이 감돌고
때때로 한파가 기습해도
어디선가 오는 봄 움트는 소리를 듣는다

남녘 해안 비탈진 밭에는
송송 올라온 풋마늘 줄기 파랗게 생기 돌고
빨간 동백꽃 해풍에 눈짓하며
수줍은 함박웃음들이 나무마다 만발하다

햇살 한층 부드러워지고
뚫고 오르는 매화의 첫 향기
긴 겨울을 견딘 가지마다
새봄이로 스민 찬 기운 속
자연은 이미 봄을 품고 있다

새로운 계절을 준비하는
겨울 끝자락에서 우리는 안다
언젠가 반드시 찾아오는 봄의 약속을

사랑 앞에서

멀리서 바라만 봐도 좋은 사랑

반벙어리가 되고 말지만

우리 사이는

잘 익은 포도주같이 숙성되어

그냥 소리 없이 웃음 짓는다

마디

잠시 멈칫했습니다

열심히 성장을 도모하다가

한동안 난관이 있었습니다

앓았던 상처이기도 합니다

계단을 오를 때의 계단참*에서처럼

가쁜 숨을 달래야 했습니다

그것이 옹이가 됐습니다

잠시 응어리진 자국

세상살이가 순탄할 수만 없지만

이 마디가 받쳐줘서 다시 뻗어 오릅니다

---
* 계단참 : 계단 오르기 중 일정 구간마다 좀 넓고 평평하게 해놓은 곳

밀물 스미듯 서로의 마음을 적시며
찬란한 별이 되어
오늘도 저 하늘에서 반짝이고 있다

-「찬란한 별이 되어」중에서

3부

오고
가는

거품

가물가물 불빛 같았다가
가볍게 솟아올라

바람 한 점에도 흔들리고
손끝 닿으면 부서지는 몸

허공에 피어나
하얗게 터지는 바랐던 기대
부풀었다 꺼지는 선 꿈 같으니

왜 이리 쉽게 사라지는가

물거품이 된 꿈이라 해도
그 순간만은 차올랐던 것

어느 것에나 이면이 있듯
빼기 힘든 땟국물을
시원시원 빼주니

세상 어딘가엔

제 할 바가 있음인데

슬픈 눈물은 흘리지 않아도 좋다

샤인머스캣

아들이 샤인머스캣을 사 왔다
처음 먹어보는 건 아니지만

청포도처럼 싱싱한 연두색
입안 가득 퍼지는 달콤한 과즙

시대를 걸머지고 등장한
씨 없는 포도류 먹기도 편해서

어떻게 세상에 나온 놈인지
출생 비밀이 궁금해진다

GMO라는 유전자 변형
출생의 약점은 없는가 보네

국적은 대한민국
부끄럽지 않은 자랑거리

외국이 이를 재배하려면

우리나라에 로열티를 내야 한다지

5월 같은 색깔로 가깝게 다가오니
계속 손이 간다

찬란한 별이 되어

오랜 세월 동안 그대 가슴속엔
내가 있고
내 마음속에도 늘 그대가 자리 잡고
정을 쌓아가고 있다

초저녁 서쪽 하늘에 떠 있는
별 가운데 하나가 나이고
새벽 동쪽 하늘 밝은 샛별은
나를 바라보고 있는 그대

은하수를 못 건너고 바라보고 있는
견우와 직녀같이
만나기가 참 어렵다 할 것이다
그래 우린 그리워만 하고 지낼 운명

숨기고 싶은 것이 사랑이라
겨울 긴긴밤 지구 저 뒤편에서
우린 수시로 만나고 있고
조심조심 이어가고 있는 중

밀물 스미듯 서로의 마음을 적시며

찬란한 별이 되어

오늘도 저 하늘에서 반짝이고 있다

쓴 것이 명약

치켜주면
자기가 제일인 줄 알고
됨됨이가 느슨해진다

마음을 아프게 조여 주면
단단히 고정된다

늘 그렇지 않더라도
가끔은 쓴소리가 필요하다
닦고 조인다는 말처럼
겉돌지 않는다

칭찬은 고래도 춤추게 한다지만
쓴 약이 몸을 살리듯
쓴소리도 가끔은 필요하다

어머니가 왜 잔소리를 했을까
힘든 세상 살아가게
끊임없이 단련케 하려고 하는 것
쓴 것이 명약

무너지는 것과 안 무너지는 것

드높은 하늘은 무너지는 일이 없다
폭풍이 지나도, 번개가 내리쳐도
저 높은 원형은 단단하다

높은 산은 때로 산사태로 허물어질지라도
겹겹이 쌓인 세월의 흔적만을 남기며
비바람에 깎여도 그 뿌리는 남아있다

그러나 인간의 삶, 때론 기대가 무너지고,
희망이 깨어지는 경우를 맞는다
발밑의 땅이 꺼지는 듯한 절망 속에서도
흐릿한 새벽은 찾아온다

무너져 내리는 순간에조차
어디선가는 싹이 돋는 법
다시 일어서는 힘이 우리 안에 있다

무너지는 것과 안 무너지는 것 사이
그 경계에서 우리는
다시 살아가는 법을 배운다

오고 가는

휴일이다
휴식해야 할 날은 갇혀있는 감옥
볼 일도 볼 수 없는 멈춤
남들은 쉬는 날이라고 좋아할 텐데
나는 갑갑하다
생활 가두리에 지낼 땐 몰랐던
바람처럼 일렁이는 이 변덕

바랄 것도 없는 따분한 날
하릴없이 나른하다
모두가 긴 하품만 하는 것 같고
만나자는 이도 만날 일도 없이
그냥 멍하게 바깥만 내다보며
무심히 지낸다

지루한 휴일을 형벌처럼 지낸 후
일상으로 돌아가는 평일이다
활발하게 돌아가는 걸 보니
덩달아 생기가 돈다
남들과 같이 활기가 생기는 새 하루

막연하지만 기대도 된다

아기의 천진한 미소를 보는 것 같이
마음 붙들린 하루를 보내고
산그늘 내려 하루를 닫을 즈음
편안한 잠자리에 들게 됐다

노란 봄맞이

반가운 봄이다
먼 남녘 매화 소식 들리는 때
해소 기침도 잦아든다

봄이 노랗게 다가오며
바람 부드럽고
햇살은 어머니처럼 따뜻하다

기지개 쭈욱 펴고나니
전신이 시원하게 늘어져
봄 앓이에 노곤해도
연꽃 같은 미소 머금는다

가끔 꽃샘추위에 오싹 하기도 하나
힘들었던 겨울의
원망스러움도 봄볕에 사위어지고

병아리 떼 종종 어미닭 따라
나들이 나서는 귀여움도 있는

모든 것을 가까이하고 싶고
새 생명들을 어루만지고 싶은
소생의 계절 사랑이다

겨울 가운데

눈 내린 골목은 소리마저 얼어붙고
나뭇가지 끝엔 남은 잎 하나 없이
겨울은 온전히 스스로를 지운다

차가운 바람이 지나간 자리에
계절의 흔적들로 싸늘히 옷깃을
파고드는 추위도 견디며
시간마저 잠든 고요한 오후

차가운 달빛이 눈 위를 스치고
하얀 들판엔 바람만 머물러
긴 밤의 적막 속에서도
작은 숨결들은 고요히 자란다

그 안에도 작은 떨림은 있어
얼음 밑 개울물은 보이지 않게 흐르고
어느새 하루는 기울어 가고 있다

서쪽 하늘 붉게 물들고
해는 낮고 그림자는 길어

겨울은 깊어가지만

어디선가 봄은 숨쉬고 있다

마지막

어둠이 눈앞을 덮칠 때
천 길 낭떠러지에 선 듯
숨이 끊어질 찰나의 두려움이
온몸을 감싼다

그렇다고
마지막이란 언제나 슬픔일 수는 없다

마지막 장에 다다른 책이
모든 것을 마무리 짓는 평온처럼,
가슴속의 염원 하나
마침내 이루어질 때의 환희처럼

입시의 마지막 문턱을 넘은 기쁨은
포기하지 않았기에 만난 행운,
그 끝은 시작일지도 모른다

마지막은 우리를 덮치는 암흑도,
길 끝에서 반짝이는 빛도 될 수 있는 것

그 마지막의 이름은 내가 붙이게 된다는 것
다 같이 행운의 기회가 됐으면

꿈속이 아니다

그는 멀리서 나를 바라보고
나는 그런 가운데 지내는 동안
수많은 세월이 흘렀다
세월이 갈수록 더욱 친밀해져
이제 나의 그림자는 그에게 속해 있다
손을 흔들어 보일라 치면
그는 화사한 미소를 보내온다
돌 틈으로 흐르는 계곡물 소리같이
도란도란 얘기를 나누지는 못해도
손을 자주 잡지는 못해도
속내는 서로 이해 한다
열쇠는 그에게 있지만
기다림도 이력이 생겨 그냥 견딜 뿐
세상 소용돌이로 장벽이 생길지는 모르나
나에게 보낸 미소들을 다 껴안을 날 기다리고 있다
꿈속이 아니다

베란다의 화단

베란다는 작은 화단
화초들이 모여 사는 정원이다

저마다 다른 숨결,
다른 생육의 특성으로
작은 몸을 뻗으며 살아간다

물 한 방울, 햇살 한 줌,
손끝에 얹힌 정성까지
그들은 사랑을 원한다

가끔은 모난 잎을 다듬고
힘겨운 뿌리를 돌보는

그 작은 존재들이
눈부신 꽃을 피우기까지 기다린다

베란다에 향기가 스미며
내 손길을 기억한 꽃들이
고운 미소를 선물한다

석양夕陽 아래서

모두가 집으로 찾아드는 시간
노을이 붉다

도시의 소음은 잦아들고
바람은 서늘하게 불어온다

붉게 물든 하늘 아래
아직 남아있는 온기와
다가오는 밤의 차가움 사이에서
나는 기다린다

이윽고 어둠이 밀려오는
평온의 보금자리에 닿아
하루의 수고를 내려놓는다

발길은 정다운 이를 향하고
어둠 속에 묻힌 밤은
더 따스한 꿈을 꿀 것이다

어둠이 내리면

부드럽고 편안한 쉼이 되는
반가움이 언제나 기다리고 있다
하루를 맺는 석양 아래서

들풀

눈 덮인 언 땅을 견디고
봄 맞아 새싹 돋아난 후
모진 비바람 버텨내고
작열하는 여름 땡볕도 거뜬히
견디어낸 들풀
이들이 있어 세상은 더 아름답다
우리 모두 함께 어우러져 살아가는
눌리고 짓밟혀도 다시 일어서는
왕성한 생명력
땅도 풀도 잘 버텨내는 그들이다

난독증難讀症

마음은 이쪽 생각은 저쪽
시구를 더듬는다
서너 줄 읽었는데
의미를 놓치고 또 놓치고
시 한 편을 몇 번이나 위아래를
오르락내리락 해도
허공에 헛 손짓하듯
보는 건지 안 보는 건지 헤매기만 한다
새겨도 모자랄 글 읽기는 눈 밖이다
그러기를 몇 번
졸다가 정신이 드는 것처럼
겨우 본다. 문장이 좀 보인다
요런 더듬이 끝에
시 한 편을 겨우 완독했다 힘들게

이슬방울처럼 영롱하고
앳된 아가씨 살결처럼 고운 잎새들
그 정겨움 바로 내 눈앞에 와있는데
어찌 이 사랑 미워하랴

-「지키고 싶은 5월」중에서

4부

언제일까

언제일까

나를 베고 누운 사람아
얼마나 편안함을 느끼고 있나요

그저 그립다고
손을 흔들었을 뿐인데
가까이 숨소리가 전해 오는 듯 해요

밑그림이 좋아야
그럴듯한 작품이 된다는데

빛바랜 수채화는 아닐 것이라
더욱 선명하게 다가오네요

우리야 뭐 나쁠 게 없잖아요
다만 바라만 보고 있다는 거

손을 흔들며 신호를 보내지 않아도
이젠 너무 익숙하게 알아차리고

소통망도 있긴 하지만

그래도 곁에 있는 것만은 못해서
허전함 가운데 지냅니다

뚜껑을 여는 것은
그대 의지에 달렸으니

서로 마주하는 날은
언제일까요

녹음綠陰으로의 초대

연두빛 새순 돋아날 땐 반가움이었다
녹음 짙어지니 친숙함이다

멍처럼 엽록소가 짙어지는 건
태고의 전설을 품은 체
강렬해지는 햇빛에 쏘여서일 것

다시 맞이하는 초여름

반기는 것이 우리네 모습들이지만
해만 바라보는 무심한 이들과
함께 어우러져 살아가는 세상이다

청춘이 있고 장년 시절이 있는 것처럼
생성과 소멸을 이어가는데
건너뜀 없는 계절과 함께 가는 우리

짙푸른 숲
시원한 그늘을 찾은 친구 둘
대화는 더욱 정다워 가고

뻐꾸기 소리 은은하게
담소를 거든다

내가 먹는 물고기

가족들 친구들과
자유롭게 살고 있는 물고기

그들에겐 물이 많고 깊을수록
영역이 넓어 활동하기 좋다

그들에겐 전쟁 같은 건
딴 세상 이야기일 것이다

인간들이 입맛을 돋우려고
늘 노리고 있다는 걸 모르고 살아간다

운이 없는 날 어부에게 생포되어
사정없이 도마 위에서 토막을 당한다

물속은 평화로운데
목숨을 노리는
인간들의 고기잡이가 가장 큰 재앙

투망이라도 한번 던져지면

순식간에 가족 친구 이웃들이
그물 속에 갇히는 포로 신세가 된다

아무렇지도 않게 식용이 되고 마는 생명

지키고 싶은 5월

그것은 새롭게 푸른 것이었다
산뜻한 순잎들이 눈앞 봄바람에
가볍게 살랑이는 5월

참고 견뎌내야 했던 겨울을 멀리 보내고
돋아나온 것들의 순결함
새 옷처럼 깔끔하고 곱게 입었다

힘들여 날 키워주신 부모님
그 은덕만큼이나 고마운 산천
새들도 같이 축복의 노래를 부르고 있다

이슬방울처럼 영롱하고
앳된 아가씨 살결처럼 고운 잎새들
그 정겨움 바로 내 눈앞에 와있는데
어찌 이 사랑 미워하랴

맴돌던 혼란도 말끔해질 것으로
나는 이 싱그러움을 오랫동안 누리고 싶다

민들레 홀씨

노란 꽃으로 피어나는 민들레
하나, 둘 홀씨 봉오리가 되었다

반가움만 가득 안은 채
미움 없이 가까이 온 봄의 전령사

돌 틈, 보도블록 사이 가리지 않는
억세고 질긴 생명력

하얀 둥근 머리에 손잡고 있는 의좋은 형제들
주어진 짧은 기간 가늠할 수 없다

바람 불면 산지사방 흩어질 피할 수 없는 운명
묵묵히 받아들여야 할 시간을 품는다

생육지의 멀고 가까움을 원망치 않고
바람이 실어 주는 대로 삶을 펼치는 순응

잠시 함께 지낸 형제들 손을 놓고
새로운 살 곳으로 날개 단 것 같이 날아간다

몸을 닦는다

목욕탕 수증기 속
남의 때를 미는 나는 때밀이다
순번 걸이에 열쇠고리가
걸리기를 바라고 있다
특별한 분에게만 붙이는 '사'자
언제부턴가 세신사라 불린다
벌거벗은 남자를 세신대에 올려놓고
바로 눕혀 이쪽저쪽 몸뚱이를
돌려가며 상하, 등허리를 닦는다
아프지 않게 때를 잘 밀어내는 것도
세신사의 노하우
가끔 오일마사지 고객이라도 만나면
수입이 껑충 늘기 때문에 VIP로
특별히 신경을 쓴다
때를 미는 것이 나를 위함이고
나의 노력이 고객 만족과
비례하기에 소홀할 수 없고
그분들이 개운해서 기분 좋아하는 게
나의 보람이다
힘들지만 즐겁게
감사한 마음으로 매일 때를 민다

흰구름 친구

솜 송이 같은 흰구름
한가로이 떠 있다

걷어와서 방석으로 만든다면
오랫동안 편안하겠는데

어느 면으로도 모나지 않은 너
다툴 일 있을까
시공을 허용하지 않는 고집이 있네

조물주가 하늘을 떠다닐
아량을 베푼 덕에
거침없이 하늘을 떠다닌다

잔잔한 호수에서 너를 보아도
어머니 사랑처럼 포근함이 있어
어울려 지내는 위안이 된다

새끼손가락에 걸려 당겨온다면
어깨에 팔을 걸겠다
서로 바라보는 너와 나

겨울 가운데서

겨울 속이 깊숙하다
봄이 좀 더 가까워졌다는 것

겨울 숲에서는
나목들 사이로 빠져나가는
쌩쌩 바람 소리를 듣는다

비가 오면 맨몸으로 맞고
눈이 오면 오는 대로 포용하는 나무들

세상을 다 털어버린 듯 한 가지에도
생명의 물은 뻗고 있는 것

매서운 추위가 풀리나 싶으면
가지마다 뾰족뾰족 움이 터져 나오겠지

움이 틀 때마다 나무들은 생살을 찢어
산고의 고통으로 아프다

모진 칼바람을 견디고 대지를 뚫고 올라오는

여린 새싹을 보자
얼마나 장하고 사랑스러운지

떠나가는 가을

저물어가는 가을이 아쉬워
새들도 슬퍼하는 듯
코끝에 와닿는 누렁 호박 단내
가을은 벌써 익어 있다

떠나가는 가을
붉게 물들었다 사그라지는 잎새들

손끝에 스치는 남은 가랑잎
어느새 차가워진 바람이
심술처럼 떨구려 아등바등 이다

그 끝자락에
익숙했던 풍경들도
점점 먼 기억 속으로 흩어지는데

가슴 한 켠에 남아있는 따스한 온기
서서히 바람에 실려 가고

다시 돌아올 것을 알면서도

보내야만 하는 이 순간

갈대같이 흔들리며

먼 길 위에 서 있다

구절초

가을은 깊어 가고
들녘에 선 하얀 구절초

여름내 대수롭지 않은
풀인가 했는데
이렇게 청초하고 예쁜 꽃으로
피어 있다

새벽 찬 이슬을 맞고
흐트러짐 없이 활짝 웃어
이 가을을 더욱 사랑스럽게 한다

바람이 지나갈 때마다
꽃은 입술을 깨물며
하나의 계절을 지키려 애쓴다

낙엽이 흩날리는 순간에도
흔들림 없이 서 있는 꽃
견디다 견디다 겨울바람에

작별 인사도 못 하고 떠날 테지만

가을을 품고자 했던
남은 향기 하나로
이 계절을 건너고 있다

아직은 가을

춥다가 따뜻하다가 며칠만 지나면 12월
바람은 종잡을 수 없지만
낙엽 한 장 발끝에 머물러
가을은 아직 남아 있다

햇살은 창가를 비집고 들어와
마른 잎끝에 금빛을 남기고
억새는 흔들리며 자꾸만 노래한다
겨울이 온다고 해도 아직은 아니라고

마지막 들국화 한 켠에 피어있다
지워지지 않는 가을의 끄나풀
그 속삭임은 겨울도 알지 못한다

달력 한 귀퉁이에 매달린 계절의 끝자락
나의 시간 속에도
가을은 여전히 머물고 있다

고행 苦行

차마고도의 머나먼 길
말없이 침묵을 입에 담은 자들
맨흙 돌부리에 걸리며 걷는다
발걸음마다 피어나는 먼지는
묵언의 시, 고행의 상처

바람은 때로 고요히 불어오지만
바윗돌은 무겁게 무릎을 누르고
오직 길만 앞에 있을 뿐이네

말이 필요 없는 이 여정 속에서
우리는 스스로와 만난다

이 아픔, 지친 육신
아직 보름을 참아야 주치의 진료다
원인은 밝혀질 테고
나는 또 수술대 위에 올려질 테지

차마고도의 수행자같이
돌부리 길 걸으며
지금은 묵언수행 중이다

고운때는 잠깐이지만

눈 추위 이기고 핀 봄꽃
열흘이 가기 어렵다

여름 무더위에 익은 가을 단풍도
며칠 동안 눈을 즐겁게 하더니
우수수 낙엽 된다

변화가 거듭되는 자연 현상 속에서
생명 있는 것들의 소멸은
공간 속의 바람처럼 너무도 당연하지만

애타게 그리워하는 것도
늘 누릴 수 없는 한계가 있고
비스듬한 오르막을 오르며
끝나는 지점을 생각하듯이
매듭이 지워지기를 바라고

사는 동안 힘들 땐 더 좋은 삶을 바라고
힘쓰며 조바심하기 때문

하루해가 질 무렵 저녁놀처럼
마무리가 아름답기를 모두가 갈망한다

고운때는 잠깐이지만
늘 변하는 아름다움을
누리며 살아가는 것이 고맙다
내일도 또 다름없기를

지나고 보니 남겨진 발자국
애써 회심의 미소 지으며
노을 속으로 타들어 간다

-「발자국」중에서

5부

망각

발자국

늙어간다는 건 슬프다
나이를 먹어도
젊어 보인다면 기쁘다

자국마다 새겨진 나의 이력
자랑스러울 것도 없지만
머리 절래절래 흔들어지는 후회스러워짐도

단조롭지 못한 지난 일을 회상하며
창가에 내려앉은 적막 속에서
옛 자취를 더듬는다

걸음마 배우던 유아기를 지나
걷기도 내닫기도

산을 넘고 강을 건너
세월을 등에 진 설움 웃음
지나온 날이 금방이다

춤을 추듯 경쾌한 때도

힘든 언덕길을 터벅터벅 걸어야 했을 때도

지나고 보니 남겨진 발자국
애써 회심의 미소 지으며
노을 속으로 타들어 간다

작별

아들 군에 입대하는데
어미는 입영 부대까지 따라가서
아들이 부대 안으로 들어가는 걸 보고
눈물 찔끔하며 한참이나
영내 쪽을 바라본다

마치 중요한 것 두고 온 것처럼
무거운 발걸음을 돌린다

아들은 긴장되지만
큰기침 한번하고 용기를 낸 듯
같은 젊은이들 속으로 뚜벅뚜벅 들어간다

정성 들여 키운 자식
입영 부대까지 가서 작별을 해야
마음을 달랠 수 있는 엄마

집에 돌아오니 그 애 방은 비어 있고
식탁엔 수저 한 벌 필요치 않아
한쪽 날개를 다친 비둘기가 된 기분

매일 밤 선잠을 잘 테지만
이젠 장성한 놈, 태연 하려 애쓴다

젊은 남자면 다 가는 군대
이제 아들 나라에 의탁했다
장하거라

망각

살아오면서 겪는 수많은 기억
별걸 다 기억하고
정녕 소중한 것은 잊어버린다

접동새 우는 소리 까마득하게 그립고
기억의 한 조각이 됨은 아름다운 일

기뻤던 일 괴로웠던 일
잊고 싶지만 잊지 못할 사연이 있고
추억하며 쓰디쓴 속을 다독인다

모든 물을 수용하는 바다처럼
기억을 다 챙길 수는 없지만
정녕 소중한 것은 잊어버리고
아파할 때도 있다

많은 것을 추억하며 사는 우리
요새는 저장 장치에 담아두고
다시 꺼내보는 편리한 세상이지만
쓸데없는 건 버리는 것
망각이 약이 될 수 있으니까

별빛

별들이 밤새도록 사랑을 속삭인다
먼동이 틀 무렵 저 멀리 떠나감이 아쉬워
상냥하고 부끄러운 모습으로 숨어들고

열렬한 사랑도 식을 때가 있듯이
아침 햇살에 영롱한 이슬도 금방 사라져가
진주같이 빛난 이슬 반김이 오래가지 못함은
못내 아쉽다

잠깐 머물다 가는 이별 이더라도
가슴속에 남은 아름다운 순간들
오래오래 마음속에 머물러
그리움으로 나를 묶어두게 한다

별들도 밤이 오면 다시 떠 오르는데
별을 헤는 밤일수록 더 고독하여
밤을 기다려 떠오른 별을 또 만난다

깨지지 않는 약속

우연히 코끝을 스치는 솔 향기가
마음속에 담긴다

길섶에 노란 민들레의 새로운 만남이
소스라치게 반갑다
햇살이 초대 해준 고마움

매서운 겨울도 가슴이 넓어
해마다 생기들을 가득 품어 준다
품어준 겨울 덕분에
순환으로 돌아가는 삼라만상

자연의 이치를 깨뜨리지는 못할지라도
세상엔 언제나 선악이 대립하고 있어
어제도 오늘도
지구상에는 평화롭지 못한 곳이 많다

곧 산수유 개나리 진달래가 팝콘 터지듯
산천을 물들일 때 모두가 환호할 테지
개울물은 따라서 명랑하게 흐를 것이다

그리움은 모두가 기다림 끝에 오지만
이 오묘하고 신비함은 반드시 지키는
약속으로 온다

지금은 땅속에서 꼬물꼬물 솟아오를
돋움질 중인 새싹들
어서 힘껏 기지개를 켜고 움 틔워
우리 다시 반갑게 만나자

노을이 언제나 곱듯이

좋아하는 사람을 어제 보고 또 만난다
다시 반갑게

오늘은 어제가 아니지만
노을은 오늘도 붉어 행운을 줄 것 같다

해질녘 모두 손잡자 하듯
노을의 무한한 베풂이 주는 풍요로움이다

짙은 해거름의 비단 같은 장관
속을 다 드러내 놓고 보아라 한다

우리도 아끼는 사람과, 저 같이
나 보란 듯 자신만만하게 펼쳐 보인다면
축복이겠다

또 만나도 반가운 연인처럼
오늘도 서쪽 하늘에서 토하는 곱디고운 피날레

하루를 불사르며 마감하려는 숭고함

진하고 뚜렷하게 내려 비치는 환상적 마무리
그래, 나도 노을처럼 정열적으로 붉어 보자

말의 공해

세상은 원래 아름다웠다고 생각한다
이익만 좇다 보니 혼탁해졌다

별난 사람들이 악머구리 같은 목청을 돋운다
자신들의 주장만 옳다며 선동한다

소리가 메아리칠 때 울림이 된다
메아리 없는 소리는 빈소리다
핏대 올리며 외치고 있는 것은 공해가 될 뿐
사람들은 다 안다

감동을 주는 아름다운 소리면 얼마나 좋겠냐만
아니다가 아니다가 아니고
그렇다가 그렇다도 아닌 소음뿐이다

잘못이 있음에도 옳다는 것은 억지가 된다
자연 현상의 공해도 심하지만
주의 주장도 혼탁하니 울림이 없다
지금은 말을 선별해 내는 현명함이 필요한 때

아귀 같은 소리 피할 수는 없을까
새로운 태양이 매일 다시 뜨듯이

배달 오토바이

속력으로 살아가는 나
곡예 하듯 날렵하게 질주한다

하루하루가 목숨을 건 전선이다
꼭 그렇게 해서 먹고살아야 하나 하겠지만
생활 전선은 만만치가 않다

양보 할 수도 포기 할 수도 없다

쉴 틈이 없고 쉬면 수입이 감소 되어서
고락苦樂이란 말이 있듯 힘듦이
나에게 더 의욕을 솟구치게 한다

오토바이 뒷면 배달함에 넓은
형광 스티커를 너도나도 붙이고 다닌다
쉽게 식별하여 안전 운전에 도움이 되라고

내가 살아야 우리들도 있다
어울려 같이 살아가려고
오늘도 도로를 휘젓고 있다

사랑이란

예쁜 꽃을 바라보는 것 같이
볼수록 끌리는
꽃길 걷는 꿈에 빠져 열병을 앓게 된다

가슴 아파본 적 없는 사랑이 없고
눈물에 젖어 보지 않은 사랑 없듯이
서로 아껴야 할 것인 줄 알면서도
일도양단一刀兩斷의 객기를 부리는 때도 있다
좀 지나다 보면 응어리가 우뭇가사리처럼 흐물흐물해져
더 아껴주고 싶어지는 맘 생기게 되기도

물살이 그리 세지 않은 개울 징검다리 앞에서
굳이 남친에게 업혀 건너려 한다
뒤뚱뒤뚱 아슬아슬하지만 그게 바라고 싶고 해주고 싶은 것
사랑하는 사이란 서로 주고 싶고 받고 싶고

곡예사 같은 사랑이라 해도
아름다운 선율의 연주자처럼 속속들이 후벼내고
시린 한쪽을 채워주는 게 사랑

비탈길에서

노인이 비탈길을 어기적어기적 걸어간다
하세월 걸어간다

가파른 비탈길
누구에게나 장해의 대상
힘에 부친 험난한 길
반드시 통과해야 할 길이라서

가시밭길도 헤쳐 나왔던 끈기로
무거운 발걸음을 내딛고 있다

무릎 연골이 다 달아졌어도
오르고 있는 강한 의지

노인이 천천히 옮기는 걸음을
누구도 탓하지는 않는다

바삐 살아왔으니
비탈길에서 세월을 짊어진 들
한 발짝 한 발짝 천천히 걷고 있다

세월을 낚시질한다

기다린다는 것은
반갑게 맞이하는 봄꽃이기도 하다가
수풀 무성하여 엄숙한 산천이 되었다가
채 떨어지지 않고 외로움에 떨고 있는
가랑잎이 되었다가
하루에도 수없이 오고가는 마음
지운다 해도 지워지지 않고
끝냈다 해도 끝냄이 아닌
유유히 흐르는 강물을 묵묵히 바라보듯
오늘은 기대하는 소식이 있을까
삼백예순다섯 날이 기다림이다
뾰족한 지름길이 없는
하루하루를 어깨동무나 한 것처럼
꿋꿋이 세월을 낚시질한다

잡초

고른다는 것은
내게 적합한 것을 찾는 것
세상에 없었으면 싶은 것도 많다

여름철이면 더욱 성가시게 하는 잡초
성가시다

작물을 위해서는 제거해야 할 존재
생존 경쟁에 도태되지 않는다

비를 타고 씨가 뿌려지는지
맨흙 무더기에도 며칠 만에
파랗게 돋아나는 잡초들
자생력을 뽐내기라도 하는 듯

그렇더라도
여름 녹화에는 한몫한다고 보자

대지 위에 잡초라도 없다면

사막같이 삭막하겠지

겨울이면 고요히 잠드니
여름 한철 뽑아내기도 하며
어우렁더우렁 지내보기로 하자

마주하는 봄

아장아장 걸어오는 아기같이
살며시 손 내미는 연인같이
속살 건드리듯 부드러운 온기로
구김살 없는 환한 미소로 다가온다

하지만
반갑다고 너무 격하게 반기지 말자
여리디여린 새순 부담된다
모두를 감싸줄 따뜻함이 듯
고이고이 서로 마주하는 봄
봄은 기다림이고 사랑을 품은 것

화신花信

수줍은 듯 배시시 웃다가
부끄럼 잊은 체 활짝 웃었다
슬픈 날도 이길 수 있게
위안과 기쁨을 선물했다

화신들로 봄이 왔음을 반겼고
꽃향기에 취해 달디달게 누리기도 했지만
연초록 새순들 반기라며 자리바꿈하고
하나둘 제 갈 길 바삐도 간다

사랑이란 만남과 이별 사이
서로 다독이며 이어가는 것처럼
봄꽃은 졌어도 생기는 더욱 넘쳐
여름꽃과 손잡게 하고
정을 두고 가는 것처럼
푸르름은 날마다 더해만 가고 있어
기쁨 주고 떠나니 고맙기만 하다

언제나 성실하게 최선을 다하는 시인의 노력은
아름다운 꽃잎을 피우는 여력을 보여준다.

―「작품해설」 중에서

작품해설

들꽃들의 향연 속, 그대는

―――――――

지연희

| 작품 해설 |

들꽃들의 향연 속, 그대는

지연희 (시인, 前한국여성문학인회 이사장)

시인이 미술가나 음악가나 기타 다른 감수성과 다른 점이 있다면 그것은 아마도 천태만상의 의미에 대한 시인의 감수성이 남다르다는 점일 것이다. 셸리는 '시는 만물을 사랑스럽게 변용시킨다'라고 했다. 가장 아름다운 것의 아름다움을 드높이고 가장 추한 것에다 아름다움을 더해 준'다는 것이다. 아름다움은 가장 추한 것에서부터 씨앗으로 발아 하여 꽃을 피우듯이 슬픔의 아름다움과 아픔의 인내를 통하여 깊은 감동을 펼쳐낼 수 있다는 논리이다. 꽃을 피우기 위해서는 저 캄캄한 깊이의 지층에서 수없는 고뇌의 무게를 딛고 일어난 후에서야 지상 위로 파릇한 새싹을 돋아 올리며 비로소 절대 한의 미학을 창조하는 것이다. 이중환 시인이 제3 시집을 생재하고 있다. 언제나 성실하게 최선을 다하는 시인의 노력은 아름다운 꽃잎을 피우는 여력을 보여준다. 세 번째의 시집의 무게도 만만치 않을 것으로 생각한다.

뚝 뚝 한 방울씩 내리는 비도 아니고
꽃잎 간질이듯 보드랍게 내리는
보슬비는 더욱 아니다
숨어 있다가 불쑥 나타나는 들짐승

하루에 할 일을 잠시 동안에 해치우는
한창때의 젊은이같이
미친 듯 쏟아붓다가
할 바 다했다며 일도양단 뚝 그친다

보슬보슬 내리는 비는 할머니의 약손
갑작스럽게 퍼부으니 속수무책
흠뻑 속옷까지 다 젖게 되지만

이글거리는 8월의 태양에
지친 풀잎이 금방 생기가 도는
하늘의 깜짝 선물이다
　　　　　　　　　－시 「소나기」 전문

멀리서 바라보았다
신기루 같은 지난날을 뒤로하고
이제는 내 가까운
삶의 현장으로 나아간다

인고의 시간들을 넘어
하루도 공허하게 넘길 수 없이 연결된 힘줄

| 작품 해설 |

> 견디며 견디며 하루하루 한 발짝씩 다가가는
> 소중한 내 것
>
> 큰 것 보다 작은 것에 충실한
> 탄탄한 생동의 의지
>
> 타고 있는 열정의 불길
> 불씨 소중하게 지켜 내야지,
> 이 값진 영혼을 깨우며 쓰다듬으며
> 손잡고 나아가야지
> 　　　－시「오늘은 또 내일로」전문

 '뚝 뚝 한 방울씩 내리는 비도 아니고/ 꽃잎 간질이듯 보드랍게 내리는/ 보슬비는 더욱 아니다/ 숨어 있다가 불쑥 나타나는 들짐승// 하루에 할 일을 잠시 동안에 해치우는/ 한창때의 젊은이같이/ 미친 듯 쏟아붓다가/ 할 바 다했다며 일도양단 뚝 그친'다는 시「소나기」는 한 방울씩 내리는 비도 아니고 꽃잎 간질이는 보슬비도 아닌 숨어 있다가 불쑥 나타나는 짐승이며 한창때 젊은이 같은 속수무책의 청년이다. 그렇게 변덕이 심하던 소나기도 기도 중이었을까. '이글거리는 8월의 태양에/ 지친 풀잎이 금방 생기가 도는/ 하늘의 깜짝 선물이'다 찌는 듯한 무더위 속에서 지친 풀잎들의 파릇한 생명의 소생이 기대되고 있다.

시 「오늘은 또 내일로」는 간절한 결의에 찬 삶의 초석을 새롭게 설계하고 있다. 신기루 같은 지난날을 뒤로 하고 이제는 내 가까운 삶의 현장으로 나아간다는 의지이다. 한동안 병상에서 다친 몸을 치유하다가 일어설 수 있을 만큼 힘을 모으고 있다. '인고의 시간들을 넘어/ 하루도 공허하게 넘길 수 없이 연결된 힘줄/ 견디며 견디며 하루하루 한 발짝씩 다가가는/ 소중한 내 것// 큰 것 보다 작은 것에 충실한/ 탄탄한 생동의 의'지가 뜨거운 열정으로 솟아오르고 있다. 삶은 한결같지 않아서 때로는 희망이 때로는 절망이 음습하게 된다. 하지만 열정의 불씨로 소중하게 지켜낼 수 있는 의지가 단단하여 새롭게 비상하실 것으로 믿는다.

> 어릴 적 우리 집에서 뒷뜰은
> 가장 가까이 있는 논배미라, 그곳은
> 애지중지해 주시던 할머니처럼 친근한 토지였다
>
> 쉽게 아버지의 새참을 날라다 드릴 수 있었고
> 금방 다가갈 수 있는 거리여서 더욱 좋았다
>
> 여름날 마당에 모깃불을 피워 놓고
> 가족이 멍석에 둘러앉아 저녁을 먹곤 했다
> 모두가 정답기만 한때 난 어머니의 다리를
> 베고 스르르 잠이 들었다

| 작 품 해 설 |

낮은 지붕 아래에서도 웃음을 꽃피울 수 있었던 건
대들보 같은 뒷뜰 토지 때문이 아니었던가

지금은 옛 고향 얘기가 되었고 먼 하늘 아래 살지만
그땐 아버지 어머니도 젊고 활기찬 시절로 의욕이 넘쳤을 때
두 분 다 저세상으로 가셨지만
세월 저쪽 뭉클 그리움으로 남는다
― 시 「뒷뜰」 전문

밤사이 어머니가 이불을 썪워주듯
솜이불 같은 눈이 고요히 쌓였다

아침, 눈 그치자
햇빛 비추니

하얀 눈 위에 반짝이는 수많은 별들
보석 가루를 뿌려 놓은 듯 반짝인다

어제는 진흙탕 싸움을 보느라 찡그렸지만
말끔히 치유된 이 기분

나는 지금 어린아이같이
신기한 설경을 바라보고 있다
― 시 「신기한 설경雪景」 전문

'어릴 적 우리 집에서 뒤뜰은'으로 시작되는 시「뒷뜰」은 때 묻지 않은 고향의 정서를 소환하게 한다. 파아란 초원의 싱그러운 바람과 언덕 가득히 저 홀로 피어나는 들꽃들의 향연은 삶의 아름다움을 경이롭게 하는 것이다. 더하여 이중환 시인은 집에서 가장 가까이 있는 논배미와 근접하여 애지중지해 주시던 할머니처럼 친근한 농지에서 뛰어 놀곤 했다. '쉽게 아버지의 새참을 날라다 드릴 수 있었고/ 금방 다가갈 수 있는 거리여서 더욱 좋았다// 여름날 마당에 모깃불을 피워 놓고/ 가족이 멍석에 둘러앉아 저녁을 먹곤 했다/ 모두가 정답기만 한때 난 어머니의 다리를/ 베고 스르르 잠이 들었'다. 평화로운 한 시절의 꿈이 아름답게 그려진 조각이다.

시「신기한 설경」은 눈 내림의 신비한 아름다움을 시어로 나열하고 있다는 점이다. '밤사이 어머니가 이불을 씌워주듯/ 솜이불 같은 눈이 고요히 쌓였'다는 것이다. 솜이불과 같은 눈 이불을 어머니는 추위에 떨고 있는 자식에게 씌워주듯이 지극한 모성의 훈훈한 아름다움으로 그려내고 있다. '아침, 눈 그치자/ 햇빛 비추니// 하얀 눈 위에 반짝이는 수많은 별들/ 보석 가루를 뿌려 놓은 듯 반짝인'다. 어제는 진흙탕 싸움을 보느라 찡그렸지만 오늘은 신기한 설경으로 말끔히 치유된 기분이라고 한다. '나는 지금 어린아이같이/ 신기한 설경을 바라보고 있다' 훈훈한 모성의 아름다움과 같이.

| 작 품 해 설 |

그는 멀리서 나를 바라보고
나는 그런 가운데 지내는 동안
수많은 세월이 흘렀다
세월이 갈수록 더욱 친밀해져
이제 나의 그림자는 그에게 속해 있다
손을 흔들어 보일라 치면
그는 화사한 미소를 보내온다
돌 틈으로 흐르는 계곡물 소리같이
도란도란 얘기를 나누지는 못해도
손을 자주 잡지는 못해도
속내는 서로 이해 한다
열쇠는 그에게 있지만
기다림도 이력이 생겨 그냥 견딜 뿐
세상 소용돌이로 장벽이 생길지는 모르나
나에게 보낸 미소들을 다 껴안을 날 기다리고 있다
꿈속이 아니다
 - 시 「꿈속이 아니다」 전문

눈 덮인 언 땅을 견디고
봄 맞아 새싹 돋아난 후
모진 비바람 버텨내고
작열하는 여름 땡볕도 거뜬히
견디어낸 들풀
이들이 있어 세상은 더 아름답다
우리 모두 함께 어우러져 살아가는
눌리고 짓밟혀도 다시 일어서는

왕성한 생명력
땅도 풀도 잘 버텨내는 그들이다
　　　　　　　　－시「들풀」전문

　시「꿈속이 아니다」라고 제시한 이 시의 첫 문장 '그는 멀리서 나를 바라보고 있는 사람이다.' 그로부터 시작되는 언어의 꿈같은 내용은 아름다운 연인들의 남몰래 가슴 태우는 불안한 사랑의 안타까운 조바심임에는 분명하다. '그는 멀리서 나를 바라보고/ 나는 그런 가운데 지내는 동안/ 수많은 세월이 흘렀'다고 한다. 그는 무심코 바라보는 대상이 아니라 나의 존재에 대한 진정한 눈빛으로 바라보고 있다. 지극히 숭고한 변치 않는 사랑의 몸짓이 가슴을 울렁이게 한다. '세월이 갈수록 더욱 친밀해져/ 이제 나의 그림자는 그에게 속해 있다/ 손을 흔들어 보일라 치면/ 그는 화사한 미소를 보내온'다는 것이다. 돌 틈으로 흐르는 계곡물 소리같이/ 도란도란 얘기를 나누지는 못해도/ 손을 자주 잡지는 못해도/ 속내는 서로 이해하고' 있다. 이처럼 거룩한 사랑이 있을까, 하지만 '꿈속이 아니라는 사실'을 화자는 극명하게 제시하고 있다.

　'눈 덮인 언 땅을 견디고/ 봄 맞아 새싹 돋아난 후/ 모진 비바람 버텨내고/ 작열하는 여름 땡볕도 거뜬히/ 견디어낸 들풀' 시「들풀」은 강인한 삶을 살아내는 생명을 짊어진 존재들의 역경을 조명하게 한다. 필연의 이유를 지니고 생명의 옷을

| 작 품 해 설 |

입던 날부터 세상의 희로애락을 재단해야 하는 일은 들풀들이 어둠 속에서 돋아나 눈 덮인 언 땅을 견디어 일어서고 모진 비바람 여름날의 땡볕까지 감내하는 한 사람의 고단한 일상이다. 누군가의 불행한 삶의 모순일지도 모른다.

    솜 송이 같은 흰구름
    한가로이 떠 있다

    걷어와서 방석을 만든다면
    오랫동안 편안하겠는데

    어느 면으로도 모나지 않은 너
    다툴 일 있을까
    시공을 허용 않는 고집이 있네

    조물주가 하늘을 떠다닐
    아량을 베푼 덕에
    거침없이 하늘을 떠다닌다

    잔잔한 호수에서 너를 보아도
    어머니 사랑처럼 포근함이 있어
    어울려 지내는 위안이 된다

    새끼손가락에 걸려 당겨온다면
    어깨에 팔을 걸겠다

서로 바라보는 너와 나
　　　　　　-시「흰구름 친구」 전문

춥다가 따뜻하다가 며칠만 지나면 12월
바람은 종잡을 수 없지만
낙엽 한 장 발끝에 머물러
가을은 아직 남아 있다

햇살은 창가를 비집고 들어와
마른 잎끝에 금빛을 남기고
억새는 흔들리며 자꾸만 노래한다
겨울이 온다고 해도 아직은 아니라고

마지막 들국화 한 켠에 피어있다
지워지지 않는 가을의 끄나풀
그 속삭임은 겨울도 알지 못한다

달력 한 귀퉁이에 매달린 계절의 끝자락
나의 시간 속에도
가을은 여전히 머물고 있다시
　　　　　　-시「아직은 가을」 전문

　시「흰구름 친구」는 하늘에 떠있는 솜 송이 같은 맑은 흰구름을 의인화하여 친구로 전재하고 있다. 까닭에 하늘에 떠 있는 구름송이를 '너'라는 대상으로 자유롭게 활용하고 있다. 하

| 작품해설 |

늘의 흰구름을 떠다가 방석을 만들 수 있다면 편안히 앉을 수 있겠다는 것이다. 잔잔한 호수에서 너를 만날 수 있다면 사랑처럼 포근한 위안이 되겠다고 한다. 이중환 시인의 다채로운 언어의 수사修辭법은 마지막 연의 '새끼손가락에 걸려 당겨온다면/ 어깨에 팔을 걸겠다/ 서로 바라보는 너와 나'이지만 지워지지 않는 '너'를 대상으로 가늠되고 있다.

'춥다가 따뜻하다가 며칠만 지나면 12월/ 바람은 종잡을 수 없지만/ 낙엽 한 장 발끝에 머물러/ 가을은 아직 남아 있다// 햇살은 창가를 비집고 들어와/ 마른 잎끝에 금빛을 남기고/ 억새는 흔들리며 자꾸만 노래한다/ 겨울이 온다고 해도 아직은 아니라고' 미련을 잡고 있는 것이다. 그만큼 시 「아직은 가을」이 끝나지 않았다는 가을이라는 계절의 아름다움에서 벗어나지 못하고 있다. '마지막 들국화 한켠에 피어있다/ 지워지지 않는 가을의 끄나풀/ 그 속삭임은 겨울도 알지 못한다// 달력 한 귀퉁이에 매달린 계절의 끝자락/ 나의 시간 속에도/ 가을은 여전히 머물고 있'다는 것이다. 이 가을의 특정한 나의 시간을 읽게 된다.

노인이 비탈길을 어기적어기적 걸어간다
하세월 걸어간다

가파른 비탈길

누구에게나 장해의 대상
힘에 부친 험난한 길
반드시 통과해야 할 길이라서

가시밭길도 헤쳐 나왔던 끈기로
무거운 발걸음을 내딛고 있다

무릎 연골이 다 닳아졌어도
오르고 있는 강한 의지

노인이 천천히 옮기는 걸음을
누구도 탓하지는 않는다

바삐 살아왔으니
비탈길에서 세월을 짊어진 들
한 발짝 한 발짝 천천히 걷고 있다
- 시 「비탈길에서」 전문

시 「비탈길에서」를 감상하다 보면 이 시대에 살고 있는 시니어들의 삶의 패턴을 공감하게 된다. 누구나 젊음의 시절을 경험하지 않은 사람은 없다. 씩씩하게 용감하게 뛰어 다니고 거침없이 못하는 일이 없었다. 비탈길을 어기적어기적 걸어가는 노인의 심경은 저물어 가는 노을을 바라보지 않을 수 없을 것이다. '가시밭길도 헤쳐 나왔던 끈기로/ 무거운 발걸음

| 작 품 해 설 |

을 내딛고 있다// 무릎 연골이 다 달아졌어도/ 오르고 있는 강한 의지// 노인이 천천히 옮기는 걸음을/ 누구도 탓하지 않는다// 바삐 살아 왔으니/ 비탈길에서 세월을 짊어진 들/ 한 발짝 한 발짝 천천히 걷고 있'다. 노년의 삶은 경계가 없다고 한다.

오늘은
또 내일로